TRADIÇÃO GRAMATICAL
E
GRAMÁTICA TRADICIONAL

REPENSANDO
REPENSANDO A LÍNGUA PORTUGUESA
REPENSANDO

TRADIÇÃO GRAMATICAL
E
GRAMÁTICA TRADICIONAL

ROSA VIRGÍNIA MATTOS E SILVA

editora**contexto**

Copyright © 1989 Rosa Virgínia Mattos e Silva
Todos os direitos desta edição reservados à
Editora Contexto (Editora Pinsky Ltda.)

Coleção
Repensando a Língua Portuguesa

Coordenador
Ataliba Teixeira de Castilho

Projeto de capa
Sylvio de Ulhoa Cintra Filho

Ilustração de capa
Óleo sobre tela de Sílvio Oppenheim

Revisão
Luiz Roberto Malta e Rosa M. Cury

Composição
Veredas Editorial

Dados Internacionais de Catalogação na Publicação (CIP)
(Câmara Brasileira do Livro, SP, Brasil)

Silva, Rosa Virgínia Mattos e,
Tradição gramatical e gramática tradicional / Rosa Virgínia
Mattos e Silva.– 5. ed.– São Paulo : Contexto, 2023.
(Repensando a Língua Portuguesa)

Bibliografia
ISBN 978-85-85134-56-3

1. Português – Gramática 2. Português – Gramática histórica
I. Título. II. Série

89-1677   CDD-469.509
                                               -469.5

Índices para catálogo sistemático:
1. Gramática : Português : História 469.509
2. Gramática : Portugês : Lingüística 469.5

2023

Editora Contexto
Diretor editorial: *Jaime Pinsky*

Rua Dr. José Elias, 520 – Alto da Lapa
05083-030 – São Paulo – SP
PABX: (11) 3832 5838
contato@editoracontexto.com.br
www.editoracontexto.com.br

Proibida a reprodução total ou parcial.
Os infratores serão processados na forma da lei.

SUMÁRIO

A Autora no Contexto 9

1. Gramática Tradicional 11

2. Um Perfil Histórico 15

3. Análise da Sintaxe do Português 33

Referências Bibliográficas 67

A História da Lingüística é hoje de interesse não apenas por nos habilitar a libertar-nos de certas concepções falsas e correntes sobre a língua. A Lingüística, como qualquer outra ciência, constrói sobre o passado; e assim o faz não somente desafiando e refutando doutrinas tradicionais, mas também desenvolvendo-as e reformulando-as.
(. . .)
Cabe aqui observar que a Gramática em geral denominada gramática tradicional *(e nós continuaremos a usar esse termo) é muito mais rica e diversificada do que fica em geral sugerido nas referências que de passagem a ela fazem muitos manuais modernos de Lingüística.*
(. . .)
Ainda está por fazer uma história definitiva e compreensiva da gramática tradicional.

(J. Lyons, 1979:3)

A AUTORA NO CONTEXTO

ROSA VIRGÍNIA MATTOS E SILVA nasceu no centro da velha Bahia, defronte do convento da Lapa, monumento setecentista. Talvez daí tenha vindo o seu gosto pelas coisas históricas e antigas: lingüística histórica, história da língua, história da lingüística, outras histórias e estórias. Teve a sorte de cursar, nos fins da década de cinqüenta, o Colégio de Aplicação (hoje extinto) da Universidade, ainda não Federal, da Bahia, onde até latim e alguma filosofia se aprendia com excelentes professores.

Mais sorte teve, quando, no curso de letras – línguas anglo-germânicas –, em que entrou para ser professora de inglês, encontrou o mestre Nelson Rossi que, durante os quatro anos de licenciatura, abriu seu caminho para a lingüística, a filologia, a dialectogia e, sobretudo, para ouvir a língua portuguesa em seus usos na boca de todos. Dessa licenciatura já saiu com a experiência em uma pesquisa em equipe, que se tornou livro depois: a edição crítica do *Livro das Aves* (Rio, INL, 1965).

Quis ainda seu destino que visse nascer e morrer, entre 1963 e 1965, a Universidade de Brasília, a primeira, desestruturada a partir do golpe militar de 1964. Dela saiu com o mestrado em letras, em que preparou como dissertação a edição crítica do *Segundo Livro dos Diálogos de S. Gregório*. Com bolsa da Fundação

Gulbenkian passou 1967 e 1968 em Lisboa, onde, sob a guia do professor L. F. Lindley Cintra, aprendeu a ver e ouvir outras formas da língua portuguesa na sua história passada e presente, quer em manuscritos medievais quer nas aldeias Beirãs e Trasmontanas.

A pesquisa desenvolvida em Lisboa resultou na tese de doutoramento defendida na Universidade de São Paulo em 1971: *A mais antiga versão portuguesa dos Quatro Livros dos Diálogos de S. Gregório* (inédita, mas aceita para publicação pela IN-CM, Lisboa).

Na década de 70 deu uma guinada histórica de 180 graus e fez trabalho de campo no Xingu, com o português falado pelos índios Kamayurá, de que derivou o livro *Sete estudos sobre o português kamayurá;* também com os falantes cultos de Salvador, integrando a equipe do Projeto NURC (Norma Urbana Culta). São também do início de 70 os seus verbetes de temática lingüística para a Enciclopédia Mirador Internacional.

Mais uma vez voltou ao português antigo, e, como pesquisa de pós-doutorado, na UFRJ, concluiu em 1981, sob a orientação do professor Celso Cunha, a descrição de um *corpus* trecentista que está no prelo em Lisboa: *Estruturas trecentistas. Elementos para uma gramática do português arcaico* (IN-CM).

Desde 1973 trabalha como professora de língua portuguesa na UFBa, na graduação; na pós-graduação, a partir de 1976. Seu trabalho docente diuturno, além de seu interesse pela constituição da língua portuguesa, é responsável pelos artigos que tem escrito sobre diversidade lingüística e dialetal em relação com a política de ensino da língua materna no Brasil, assim como pela sua participação na criação, no ano passado, da *Revista Internacional da Língua Portuguesa,* que tem no seu comitê editorial representantes dos sete países em que o português é oficial ou nacional.

Tem duas filhas e dois filhos, um marido antropólogo, navegador de sonhos. As águas mansas da Baía de Todos os Santos são parte de sua vida e seu currículo tem sido a cada ano enriquecido pelo céu, ar e mar que envolvem a Ilha de Itaparica.

GRAMÁTICA TRADICIONAL

O objetivo deste ensino não é a história da tradição gramatical pela história da Lingüística no seu sentido amplo, nem pela história da gramática tradicional em si. O seu objetivo é antes a tentativa de tomarmos consciência do porquê e de como esse tipo de reflexão sobre a língua se constituiu para avaliarmos criticamente esse "modelo" que é aquele a partir do qual – na escola – começamos a tomar consciência do que é a língua que usamos.

Tendo sido pensado em função de um curso de sintaxe do português, foi direcionado, sobretudo, para a constituição da análise da sintaxe, no âmbito da tradição gramatical.

Na sua parte final, estão algumas observações sobre a análise da sintaxe nas primeiras gramáticas do português, a de Fernão de Oliveira e a de João de Barros (século XVI); na gramática de Jerônimo Soares Barbosa (século XVIII-XIX), que é, sem dúvida, um marco na história dos estudos gramaticais do português; e na *Nova Gramática do português contemporâneo* (1985) de Celso F. da Cunha e de L. F. Lindley Cintra, que são, certamente, dos maiores estudiosos e conhecedores da Língua Portuguesa nesta segunda metade do século XX.

O QUE É A GRAMÁTICA
HOJE DENOMINADA TRADICIONAL

Podemos dizer que a gramática tradicional pretende estabelecer as regras de uma língua e através delas ensinar a língua àqueles que já a dominam. Há uma contradição nessa definição: se os aprendizes já dominam a língua, a gramática nada terá a ensiná-los. De fato a gramática tradicional estabelece regras de um predeterminado modelo ou padrão da língua, para aqueles que já dominam outras variantes dessa língua e também algumas regras daquela variante que é a padrão.

Na verdade, desde a sua origem, como tentaremos mostrar, observando o seu percurso histórico, essa gramática procurou estabelecer as regras, consideradas as melhores, para a língua escrita, com base no uso que dela faziam aqueles que a sociedade considerava e considera os seus mais "bem acabados" usuários, os chamados "grandes escritores", tanto poetas, quanto prosadores.

A precedência da língua escrita e a seleção de uma determinada variedade, como a melhor, de uma língua – objetivos da gramática (etimologicamente "a arte de escrever") – já estão explicitamente, entre os filólogos – gramáticos de Alexandria, século III a.C.; constituem o "erro clássico", como o designa Lyons (1979:9), da gramática tradicional.

Tal configuração, Fournier e Leeman interpretam como sendo "ao mesmo tempo reflexo e resultado de uma organização social e ferramenta de uma classe dominante numa força que age em sua ideologia, para a manutenção desta dominação" (1979:78).

Por que desde as suas origens?

Há uma unanimidade nos historiadores da ciência da linguagem sobre o que veio a constituir-se como *gramática tradicional*: origina-se em Platão e Aristóteles – pensamos no ocidente grecolatino-cristão – no corpo do seu pensar sobre o mundo. Pela "história interna" da gramática tradicional, chega-se a essa origem. Mas, se se considerar não a "gramática como um todo em si, desligado das influências sociais, políticas ou econômicas, das pressões ideológicas, das contingências históricas" (*ibid.:* 77), se se considerar, portanto, a história da gramática na história da sociedade em que ela nasceu, pode-se verificar que a reflexão platônica sobre a linguagem muda a direção no sentido que tem até hoje a gramática tradicional. Os embates político-sociais que percorriam a Grécia clássica se refletem no direcionamento que toma a reflexão sobre a linguagem.

Esses embates podem ser delineados – e aqui não cabe aprofundá-los – na disputa filosófica e política entre a sofística e Platão. Enquanto para os primeiros a língua, o falar era uma propriedade do indivíduo – falar é ser livre, o poder persuasivo da palavra – para Platão o discurso coincide com o ser e não com cada indivíduo como sujeito:

> Pode-se considerar que o Ser, enquanto valor filosófico (e no sentido idealista que lhe dá Platão) é um *álibi* permanente para Platão de fazer passar como uma necessidade objetiva o que é ordem estabelecida por uma classe (a aristocracia) e em proveito dela. (*Fournier e Leeman* 1979:82-83).

Se essa rápida colocação sobre a ideologia sofística e a ideologia platônica é verdadeira, ou fruto de ideologia dos seus analistas, é claro que se pode discutir, aceitar ou refutar. As ideologias são para ser seguidas ou perseguidas.

Se transpomos, entretanto, para hoje, aquilo a que gramática tradicional remete podemos ver que ela reforça o "dialeto da elite", que ela reforça padrões de uso que são próprios a uma classe dominante, que o seu ensino (quer bem ou mal feito) faz silenciar os outros usos.

Para concluir essa colocação preliminar, podemos pensar que hoje, aqui e agora, vivemos embate análogo ao da Grécia Clássica. Explicitando: há hoje os que defendem a imposição da gramática prescritiva, segundo as normas idealizadas e propostas por uma tradição já superada e há – acredito que em minoria – os que querem criar condições para que a voz, a palavra, os discursos diversos, diferentes daquele, tenham a sua vez. Observando a realidade sócio-política brasileira, podemos entrever quem ganhará nessa disputa; qualquer que seja a posição tomada, entretanto, se faz necessário estar consciente da escolha que se faça, principalmente quando se trabalha e se ensina a língua materna.

Independente da origem elitista dessa tradição de pensamento sobre a linguagem humana que veio a favorecer com este instrumento, entre outros, um segmento social em detrimento da maioria, o processo cumulativo que se desenvolveu durante vinte e três séculos e que se perpetua até nossos dias é do maior interesse para a história cultural do homem e para a percepção de como se foi construindo um campo do saber, o da reflexão sobre a linguagem humana, o da Lingüística, portanto. O embate político-ideológico que se inicia na Grécia Clássica abriu, sem dúvida, um espaço para o início da criação de um discurso científico não só sobre a linguagem, mas também sobre o homem e o mundo.

UM PERFIL HISTÓRICO

DE PLATÃO (V – IV a.C.)
A DIONÍSIO DA TRÁCIA (II a.C.)

As gramáticas tradicionais hoje oscilam entre dois pólos: ou partem da apresentação das funções sintáticas, tratando em seguida das partes do discurso ou classes de palavras; ou partem destas para chegar às suas funções sintáticas. Essas duas direções já se delineavam no século V a.C., tendo predominado a segunda.

Para Platão, a *denominação* é a questão central da linguagem; e para seu mestre Sócrates, *falar correto é denominar corretamente*. Partindo, portanto, de desvendar os problemas da denominação (origem das teorias sobre o signo lingüístico, sua naturalidade/sua arbitrariedade *(physei/thései)*, problema que ocupa até hoje a Lingüística), essa abordagem filosófica fundamenta uma lexicologia-semântica e não uma sintaxe.

Já na sofística, o centro do problema não é a denominação, mas a *justa atribuição* (Fournier Leeman 1979:95), a predicação, função lógico-sintática portanto. A sofística associou à denominação *o falar a verdade*, ou seja, o discurso que se cumpre pela sua eficácia, decorrendo daí o desenvolvimento da retórica no âmbito da sofística.

Talvez esteja nessa motivação histórica a razão de na Grécia não se ter desenvolvido uma teorização sobre a sintaxe consistente como a teoria da significação, referida ao léxico que persiste até hoje.

As origens dessa teoria do léxico remontam a Platão quando distinguiu o *substantivo do verbo*, como elementos básico para a constituição de uma proposição. E é desde essa época – e perdura até nós – que se estabelece como princípio de análise a *frase declarativa*, considerada por Aristóteles o *discurso primeiro*. É nesse discurso primeiro que se explicita o que o nome já significa e que o verbo é o nome mais alguma coisa: o "hic et nunc", a relação entre o que o nome designa e o que ele, verbo, propõe ou predica.

Estabelecida a distinção entre *substantivo* e *verbo* por Platão estava aberto o caminho para uma compreensão analítica de estruturação da linguagem como representação do pensamento. O percurso posterior que delinearemos se constitui em um refinamento de análise que, a princípio, é apenas parte de uma teoria geral do conhecimento, de uma filosofia que só alguns séculos depois vem a fundamentar uma gramática.

Em Aristóteles vale destacar para os fins que temos – ou seja, como se estabeleceu a tradição gramatical – que, além de acrescentar ao *nome* e ao *verbo* uma classe nova, a das *conjunções* (o que não era nem *nome* nem *verbo*), determinou uma série de distinções que perduram até hoje, reconhecidas como as *categorias aristotélicas*. Define também a *proposição*, que afirma ou nega um predicado ao sujeito, ou diz se o sujeito existe ou não (Kristeva, 1974:161).

Os predicados se expressam nas categorias que estabelecem as quais, nas palavras de E. Benveniste (1976:70-71) são:

O inventário das propriedades que julgava predicáveis a um objeto, e conseqüentemente como a lista dos conceitos a *priori* que, segundo Aristóteles, organizam a experiência... Aristóteles visa a definir a conotação lógica de cada um deles. Parece-nos, entretanto, que essas distinções são, em primeiro lugar, categorias da língua... da língua na qual ele pensa.

São dez as categorias aristotélicas; ainda seguindo E. Benveniste:
1. a *substância* ou *essência* ("que dá à pergunta *"o quê?"* a resposta "homem" ou "cavalo"); 2. o *quanto;* 3. o *qual;* 4. o *relativamente a quê;* 5. o *onde;* 6. o *quando;* 7. o *estar em posição;* 8. o *estar em estado;* 9. o *fazer;* 10. o *sofrer.*

Para E. Benveniste, 1. se refere aos substantivos; 2., 3., e 4., às formas de qualificar; 5. e 6. às classes de denominações espaciais e temporais e as quatro seguintes são categorias verbais. Dentre os filósofos gregos, foram o estóicos que começaram a delinear a fundamentação da gramática tradicional, a partir do que chamaram *etimologia*. Procuraram não só discutir o problema filosófico da origem da linguagem, mas também das *regularidades na língua,* ou, na metalinguagem da época, da *analogia*. Entretanto ainda a gramática não se distinguia da filosofia e da lógica.

Continuadores históricos dos estóicos são os filólogos de Alexandria que fixaram na tradição gramatical o "erro clássico", como batizou John Lyons o privilegiar a língua escrita dos grandes escritores, em detrimento dos outros usos, negativamente avaliados.

Vale ressaltar aqui o contexto histórico em que se processava tal atitude de caráter normativo-purista. E são palavras de Maria Helena Moura Neves no seu livro *A Vertente Grega da Gramática Tradicional:*

> Toda uma situação cultural cerca esses fatos. A exigir a instalação de uma disciplina gramatical estão as condições pe-

culiares da época helenística, marcada pelo confronto de culturas e de línguas, e pela conseqüente exacerbação do zelo pelo que então se considerava a cultura e a língua mais puras e elevadas (1987:243).

É nessa época, portanto, que se codifica mais ou menos definitivamente o que veio a chamar-se de gramática tradicional.

Com Dionísio da Trácia, século II – I a.C., é que se tem a "primeira descrição ampla e sistemática publicada no mundo ocidental" (Lyons, 1979:12) de uma língua: o grego da Ática, ou grego ático.

Define Dionísio a gramática como a "arte de escrever" (arte no sentido de "conjunto de preceitos necessários à execução de uma determinada atividade"), já disciplina independente da lógica e da filosofia e como saber empírico da linguagem dos poetas e dos prosadores.

Na tradição lexicológica grega as partes do discurso já aparecem distinguidas em oito: *nome, verbo, particípio, artigo, pronome, preposição, advérbio, conjunção* e já então uma tradição lexicológica se estabelece, "não abriga a sintaxe, apenas a fonética e a morfologia" (M. H. Neves, 1987: 116).

Foi Apolônio Díscolo (século II d.C.) quem elaborou a primeira sintaxe ao estudar a língua grega: "apresenta-se como um estudo antes filosófico que lingüístico" (Kristeva, 1974:165). Das suas numerosas obras gramaticais se conservam "quatro trabalhos", entre eles o *Da sintaxe das partes do discurso*.

O percurso até a constituição da gramática grega é assim resumido por J. Kristeva:

> Primeiro indistinta do atomismo geral e confundida numa cosmogonia naturalista; depois isolada – não sem ambigüidade – como lógica, teoria das noções e definições, sistematização do significado; por fim abstraída da filosofia para se constituir como *gramática*, isto é, ciência normativa de um

objeto particular; só passando por estas diferentes etapas é que a linguagem separou-se do real e se constitui a "lingüística" grega. (1974:165).

DA GRÉCIA PARA ROMA:
DOS ALEXANDRINOS (II a.C. – II d.C.)
A PRISCIANO (V d.C.)

Não se pode refletir sobre a gramática tradicional, hoje, sem passar pelo que se desenvolveu sobre a reflexão lingüística em Roma. Varrão (I século a.c.) foi discípulo direto de gramáticos da escola alexandrina. Foi seu mestre Crates de Malos. A grande contribuição de Varrão está em aplicar a gramática grega a outra língua, o latim.

Sem estrar em maiores detalhes os princípios sobre o *De lingua latina*, pode-se ver no discípulo os princípios dos mestres: a gramática que propõe é a do latim padrão, posteriormente chamado de latim clássico, por oposição ao latim chamado, também posteriormente, vulgar, isto é, o latim falado pelas classes "baixas" da República e do Império romanos. Assim, para ele a gramática é "a arte de escrever e falar corretamente e de compreender os poetas".

Divide-se o *De lingua latina* numa etimologia, numa morfologia e numa sintaxe, que não chegou até nós. Na etimologia estabelece a relação analógica entre as palavras e as coisas. A morfologia, que é o cerne de sua obra, apresenta distinções fundamentais que perduram: entre palavras *variáveis* e *invariáveis*, estabelece categorias secundárias para analisar as partes do discurso, como a *voz* e o *tempo* para o verbo, e aplica o sistema de casos do grego ao latim.

Esse modelo de gramática perdurará nas gramáticas que lhe sucederam. Vale, no entanto, destacar que a reflexão sobre a língua em Roma se desenvolve também e com muita intensidade no âmbito da Retórica, que ultrapassa a gramática e estabelece regras discursivas sobre a construção do discurso elaborado, o da oratória sobretudo. Lembre-se a importância da oratória romana. Reflexo disso se faz presente no fato de Quintiliano (l. d.C.), o segundo grande gramático de Roma, denominar sua obra de *Institutio oratoriae*.

Damos aqui um destaque para o gramático Donato (século IV d.C.), autor de uma obra célebre na Idade Média, *De partibus orationibus ars minor*, em que, além de representar uma minuciosa descrição das "letras", em função de sua pronúncia, uma fonética, portanto, enumera os erros correntes de seus alunos e já estabelece diferenças entre o grego e o latim. Vale lembrar que Donato já é do século IV, monumento histórico em que a diversidade da língua latina (diferentemente do que ocorreria no tempo de Varrão) já não passaria desapercebida, mesmo que para tentar apagá-la na sua atuação como mestre.

Donato e Prisciano (século V d.C.) são os dois gramáticos latinos mais estudados na Idade Média. Considera-se que o apogeu da gramática latina está na obra de Prisciano, o *Institutio grammaticae*, que, "comprovadamente, usou as obras de Apolônio Díscolo" (M. H. M. Neves, 1987:117).

É em Prisciano que se encontra a primeira sintaxe da língua latina. Segue ainda as teorias lógicas da Grécia e não é predominante no conjunto da obra, já que para dezesseis livros de morfologia há dois de sintaxe. A sua definição de sintaxe, que é a primeira no mundo ocidental, é uma definição lógica: *a disposição que visa a obtenção de uma oração perfeita*. Os conceitos de oração *perfeita/oração imperfeita (videt, acusat* são orações imperfeitas) já envolvem a distinção da *transitividade (não transitividade)* dos verbos. Nele também já se estabelece a noção de *palavra regente* e *palavra regida*, conceitos que até hoje vigoram nas terminologias da gramática tanto tradicional, como em outras. Só no século XVII, com a *Gramática de Port Royal*, é que se distinguirão as categorias lingüísticas que subjazem às categorias lógicas, separando as formas de organização do pensamento das formas de organização das línguas.

A SEQÜÊNCIA DOS ESTUDOS GRAMATICAIS NA IDADE MÉDIA E NO RENASCIMENTO

É um lugar-comum dizer que a Idade Média é a ponte que liga Grécia e Roma ao mundo moderno, isto é, o interregno entre o fim do Império Romano, século V, e os fins do século XV, momento de abertura da Europa para outros mundos. Vale ressaltar que a própria designação estabelecida pela História – Idade Média – expressa essa concepção. Nesses dez séculos de desorganização e reorganização na Europa ocidental germinaram novas sementes e cultivaram-se as velhas.

Transpondo esse ponto de vista para as reflexões sobre a língua e, especificamente, para o problema de que estamos tratando, a constituição de uma teorização sobre a língua que se corporifica no que se chama hoje de gramática tradicional, constata-se que, no período medieval, duas vertentes existem nos estudos sobre a linguagem: o prosseguimento do estudo da língua latina, que foi a "língua da cultura" de toda a Europa medieval, seguindo a gramática greco-latina e o início da observação e estudo das línguas submetidas, as línguas nativas das populações dominadas por Roma primeiro, e depois pelo avanço do catolicismo romano, que tinha como "língua instrumental" também o latim.

Quanto à primeira vertente, as "especulações" medievais continuam os modelos anteriores, sendo Donato e Prisciano os preferidos entre os gramáticos latinos. É interessante notar que o termo *especulação* se origina de *speculum* (= espelho) e neste contexto significa que a "língua espelha o mundo" – idéia central da reflexão sobre a linguagem que vem desde Platão, em que a língua é intermediadora entre o pensamento e a realidade. Assim sendo, ocupam sobremaneira os especuladores medievais os escritos sobre a significação, a relação semântica entre as designações e os objetos designados – os *modi significandi*. Origina-se daí uma denominação genérica para os gramáticos e filósofos medievais que trabalharam sobre a linguagem – os *modistas*. Essa face da reflexão medieval, ou seja, as teorias medievais sobre o signo e a significação "não são muito estudadas e conhecidas, pela dificuldade intrínseca e por terem sido censuradas pelo formalismo que se impôs" no século XVI.

Vale, no entanto, aqui destacar, já que interessa ao nosso objetivo, o fato de uma das obras mais célebres na Idade Média sobre o latim se intitula *Doctrinale puerorum* de Alexandre Villedieu (século XIII). Esta é uma gramática do latim já voltada para aqueles que não tinham mais, sem dúvida, o latim nem como língua de berço, nem como língua de comunicação generalizada, mas como a língua da escola, no caso mais comum, as escolas dos mosteiros e das sés medievais. Sem inovar nos princípios básicos, nem na sua constituição interna, certamente, já se direciona a um público que tem como referência outras línguas de berço, os "vulgares", ou seja, as línguas românicas já constituídas e já nos seus inícios de codificação escrita.

Essa nova realidade lingüística – a dos "vulgares" – que se instala no mundo românico-cristão, só virá a ser trabalhada pelos gramáticos, esporadicamente, no século XIV: a primeira gramática do francês, a de Walter de Bibbesworth, é de um inglês, e, já no século XV, a gramática francesa de Sylvius, que adapta ao francês as regras da gramática latina, estabelecendo equivalência funcional entre os termos de um segmento no francês e os termos do mesmo segmento no latim. Tanto a de Bibbesworth como a de *Sylvius* são gramáticas que, mesmo que não explicitamente, têm um direcionamento pedagógico e não apenas especulativo.

A outra vertente que mencionamos, ou a nova semente lançada já nos inícios da Idade Média, é da observação e análise das línguas que envolviam o mundo românico: célticas, germânicas, eslavas, etc. É esta a vertente inovadora medieval, pouco destacada, que abre caminho para outras realidades lingüísticas para além do grego e do latim. Esse interesse pelas línguas não latinas gera a invenção de alfabetos para tradução das Escrituras Sagradas cristãs, como tratados que defendem o direito à existência dessas línguas. E até mesmo gramáticas dos "vulgares" não-latinos surgiram: gramáticas do islandês século VII), do anglo-saxão (século X), do basco (século X), do irlandês (século XII). As primeiras gramáticas do francês são de viajantes ingleses dos séculos XIV-XV.

Essa vertente de estudos lingüísticos se instala no Renascimento, a partir dos fins do século XV. O interesse então se desloca do latim para as línguas nacionais românicas, nas quais se continua a procurar um fundo comum, natural ou universal. J. Kristeva assim sintetiza o problema:

> O Renascimento orienta definitivamente o interesse lingüístico para o estudo das línguas modernas. O latim continua a ser o molde segundo o qual todos os outros idiomas são pensados, mas já não é o único e além disso a teoria que é estabelecida a partir dele sofre consideráveis modificações para poder adaptar-se às especificidades das línguas vulgares (ibid., 203).

Além do alongamento do âmbito do objeto de estudo, não só o grego e o latim, mas os "vulgares" românicos e também as línguas então (e até hoje!) chamadas exóticas com que os europeus entraram em contato na África, na Ásia, na América, o trabalho

23

lingüístico do Renascimento é marcado profundamente pelo fato de a *língua começar a ser trabalhada de modo generalizado como objeto de ensino*. Isto decorre da necessidade social de se ensinarem as línguas "vulgares" e não apenas o latim nas escolas da Europa e às novas populações que deveriam ser cristianizadas nos outros continentes.

Talvez esses dois fatores tenham contribuído para mudar de rumo os estudos gramaticais quanto a seu método de trabalho. A necessidade de *clareza, sistematização* e *eficácia*, necessárias às aplicações pedagógicas, acaba por refrear as especulações lingüísticas medievais. Contrapõem-se assim as gramáticas empiristas do Renascimento às gramáticas racionalistas anteriores, que entretanto não foram abandonadas.

Um dos grandes gramáticos do Renascimento, J. C. Scaliger (1540), consagra-se à língua latina. Como todos os humanistas, preocupa-se, sobretudo com o *uso* e se baseia nos *dados* e nos *fatos*, mas não se preocupa menos com a razão que subjaz e determina esses fatos. Embora para ele a gramática não tenha um fim em si mesmo, pois faz parte de uma teoria do conhecimento, Scaliger tenta delimitar o campo da gramática como ciência, diferencia-a da lógica e da retórica e da interpretação dos autores literários, e constrói por fim uma *gramática de caráter normativo* da língua latina, fundada na forma clássica dessa língua.

Considera-se, unanimemente, que o representante mais elaborado da gramática formalista do século XVI é o francês Ramus. Merece destacar, como exemplo, da metodologia da obra gramatical de Ramus *(Dialectique,* 1556, e *Gramere,* 1562) a introdução de princípios formais e não semânticos ou lógicos para distinguir as partes do discurso, por exemplo, "nome é uma palavra com número e gênero" e não "o que designa alguma coisa" ou "a quem se atribui um predicado". Se a gramática de Ramus avança na análise da morfologia quanto à ordenação, sistematização e formalização, ela "pára no limiar da análise sintática por não poder definir as relações que funcionam por entre as marcas formais e que dispõem o enunciado" (Kristeva, 1974:214-200).

Em breve parênteses, achamos válido fazer uma analogia entre o impasse dos formalistas do século XVI e o dos estruturalistas do século XX que, rigorosamente falando, não ultrapassaram a aplicação da metodologia indutiva empirista e formalista (não semântica, não lógica) além dos níveis fônicos e mórficos da linguagem. Impasse este que, como sabemos, levou às subseqüentes teorias sintáticas gerativistas.

Em síntese se pode dizer que a reflexão lingüística do século XVI (que se assemelha, em alguns aspectos, à reflexão lingüística da primeira metade do século XX) liberta-se do âmbito das línguas clássicas – latim e grego – para ampliar seu campo de observação e de análise empírica. Liberta-se das disciplinas afluentes, da lógica, principalmente, deixa de ser uma especulação para se tornar uma observação, privilegiando o uso lingüístico, mas sem abandonar a relação pensamento-língua. E desenvolve definitivamente um dispositivo pedagógico que introduz na gramática uma ambivalência que é a de pretender trabalhar sobre a língua como objeto de estudo e como objeto de ensino, tentando ser, *ao mesmo tempo, gramáticas descritivas* e *gramáticas normativas*.

NOS SÉCULOS XVII E XVIII, A CONCLUSÃO DE UM PERCURSO

Se admitirmos com Fournier e Leeman que "toda gramática supõe uma teoria da língua e que nenhuma teoria da língua é inocente" (1979:104), podemos afirmar que não é inocente a escolha que os séculos subseqüentes fizeram apesar das "aberturas" do século XVI, como não terá sido "inocente" a opção platônica em relação aos sofistas.

A partir de 1660, com a *Grammaire générale et raisonée* dos solitários jansenistas de Port Royal, inicia-se a hegemonia de um modelo de gramática que volta à especulação medieval de tradição greco-latina, cujo objetivo, conforme já se disse, é:

> Demonstrar que a estrutura da língua é um produto da razão e que as diferentes línguas são apenas variedades de um sistema lógico e racional mais geral. (*Lyons* 1979:17).

Sabemos que em 1966, no seu livro *Lingüística Cartesiana*, N. Chomsky ressuscita os gramáticos de Port Royal, ao descortinar as relações de sua proposta racionalista, por oposição aos empiristas-estruturalistas, com as gramáticas gerais ou filosóficas ou racionalistas dos séculos XVII-XVIII europeu. É interessante relacionar o fato de que o racionalismo universalista chomskyano é uma reação às teorias indutivas e taxonômicas do descritivismo mecanicista bloomfieldiano, do estruturalismo americano da primeira metade do século XX, da mesma forma que o racionalismo francês do século XVII é uma negação da primeira tentativa indutiva e formalista na análise da linguagem que se delineou na gramática ocidental do século XVI.

Que contribuições as "gramáticas gerais" deram para o avanço da teoria sintática, com a sua volta à relação entre lógica e linguagem?

A gramática de Port Royal não se dissocia da lógica. Recobrem-se o projeto gramatical e o lógico (a *Grammaire* de Arnauld e Lancelot é de 1660 e a *Logique* de Arnauld e Nicole é de 1662). Propõem eles uma sintaxe lógica no âmbito de uma gramática que já não é um inventário de termos ou de correspondências formais de construções (latim, francês), por exemplo, é um estudo das "unidades superiores" e a *proposição* se torna o elemento de base da reflexão gramatical, por ser a expressão mínima do juízo e do raciocínio.

Antes de detalhar a contribuição para o estudo sintático dada por essas gramáticas, vale ressaltar que elas de fato se concentram na reflexão do francês ou da língua à qual se aplicam, já vista a aprendizagem do latim como língua estrangeira. No caso da *Gramática Geral* do francês, faz-se necessário que se relacione o seu surgimento com o momento francês em que a arte de bem falar torna-se moda e a "arte de bem falar" se define como o explicar bem o raciocínio, o bem pensar. Só fala bem quem raciocina bem, segundo as operações estabelecidas pela Lógica. Não é portanto o falar bem retórico, apenas persuasivo, mas o falar bem lógico, que também tem o poder de persuadir.

A partir desse pressuposto se pode perceber a constituição dos pontos fundamentais dessas gramáticas típicas dos racionalistas-iluministas franceses que até agora subjazem nos aspectos logicistas da análise da sintaxe da hoje chamada gramática tradicional normativa. Entenda-se entretanto que o caráter prescritivo das *gramáticas gerais* se define "não porque queriam impor normas do *beau langage*... são prescrições de ordem analítica, não estética", segundo a interpretação de Michel Foucault.

Seguindo de perto a exposição de J.Cl. Chevalier (1979:20-34), pode-se destacar como características dessa "nova sintaxe": uma busca teórica visando ordenar a gramática; organização de uma metalinguagem, comparável à da álgebra e da geometria, mas realizada na palavra das línguas naturais; uma relação entre a linguagem que subjaz às realizações do discurso; uma busca pedagógica que já assume o ensino do latim como língua estrangeira.

Esses pontos estão na gramática de 1660 e serão aprofundados e desenvolvidos por Du Marsais, Beauzée, Condillac, enciclopedistas franceses.

Na gramática de Arnauld e Lancelot de 1660, à sintaxe cabem apenas dois capítulos e a introdução, enquanto vinte e dois capítulos tratam das partes do discurso, seguindo a predominância da tradição lexicológica que se pode remeter à Grécia Clássica, embora a taxonomia proposta seja distinta daquela da gramática greco-latina.

A sintaxe trata da "construction des mots ensembles" e das "figures de construction". No primeiro aspecto são os fatos de *concordância* e de *regência* que constituem o estudo das construções; nas *figuras* são destacadas a *silepse*, a *elipse*, o *pleonasmo* e o *hipérbato*.

Já em Du Marsais se estabelece uma distinção entre *construção* e *sintaxe*. A primeira sendo a combinação e arranjo das palavras *(accepi litteras tuas/tuas accepi litteras/litteras accepi tuas =* "recebi tuas cartas") e a segunda a relação entre as palavras independentes da combinação ou arranjo da construção. No exemplo acima há uma só sintaxe e três construções.

É, basicamente, por essas distinções que se aproximou a sintaxe de Port Royal à sintaxe em dois níveis dos modelos chomskianos que propõem uma mesma estrutura relacional profunda com possíveis arranjos diferentes na estrutura superficial.

Também é Du Marsais que estabeleceu distinção entre as construções *usuais*, *necessárias* e *figuradas*. A *necessária* é conforme "a natureza para nos fazer conhecer nossos pensamentos pelas palavras" (ibid.: 23); a *figurada* não é conforme a maneira de falar mais regular e a usual não é nem uma nem outra. Observe-se que – e aqui a aproximação é de minha responsabilidade – essa divisão tripartida das construções faz lembrar a moderna distinção entre o que é próprio ao *sistema*, à *fala* e à *norma social*.

No processo metodológico de análise são estabelecidos, além da *proposição* – que é a relação entre um sujeito ao qual se atribui uma predicação – a distinção entre *período* e *frase*.

O *período* é definido como a reunião de proposições ligadas entre si por conjunções e que em conjunto têm um sentido finito. A *frase*, campo da análise lógica, é considerada o lugar para situar a passagem da construção necessária à figurada e à usual.

No âmbito da análise da proposição, há uma classificatória dos *tipos de sujeito* (composto, múltiplo, complexo) e de *proposições* (absoluta ou completa/relativa ou parcial); explicativa/determinativa; principal/incidente; explícita/implícita.

Estabelece-se também o valor das conjunções segundo ensinam os lógicos – a *disjunção*, a *condição*, a *causa*, a *adversação*.

Essa gramática racional, diferentemente da busca formalística do século XVI, propõe um conjunto de relações lógicas dispostas em níveis ou etapas sucessivas de análise: uma frase complexa é decomposta proposição a proposição, palavra a palavra e reconstruída da mesma forma.

Em Beauzée há uma distinção explícita entre *frase* e *proposição:* "a frase é boa ou má conforme as palavras de que ela resulta estejam reunidas, terminadas e construídas segundo ou contra as regras estabelecidas pelo uso da língua"; a proposição "ao contrário, é boa ou má segundo esteja conforme ou não aos princípios imutáveis da moral" (ibid.: 28). Para o século XX, a proposição, assim entendida, é um conceito que não diz respeito à gramática.

Condillac, 1775, no seu *Cours d'étude pour l'instruction du Prince de Parme* chega ao ponto extremo do aristocratismo lingüístico, próprio às gramáticas racionais seiscentistas e setecentistas. O que importa é escrever bem por pensar bem, o discurso modelo é o da Academia. Substitui-se a *tripartição* de Du Marsais (discurso natural ou necessário/figurado usual) por *discurso acabado/discurso das regras:* seu itinerário vai dos grandes textos às regras, itinerário esse reservado à elite, que poderá dominar a "langage achevé" (ibid.: 31).

Esperar-se-ia que as mudanças ideológicas na França com a revolução de 1789 modificassem esse objetivo do Iluminismo.

Perpetua-se, contudo, o sistema desenvolvido no século XVII, apenas determinando uma orientação que ultrapassa a aristocracia, mas reserva "o conhecimento racional das regras da língua às crianças da burguesia cultivada, confinando as crianças das classes operárias à prática simples da leitura, da escrita, do cálculo, da moral" (Chiss, 1979:54).

Ficaram assim fundadas as bases da reflexão sobre a linguagem que partiu dos embates entre sofistas e platônicos e que só serão contestados no século XX. Em nosso século, contrapõe-se ao "erro clássico" da gramática tradicional – a precedência da escrita e o valor intrínseco do "dialeto dos grandes poetas e prosadores" – a precedência do oral e a não valorização, a não ser por motivação extralingüística, de uma variedade lingüística sobre outra. E de novo se tentará a empresa falida do século XVI, a da descrição formal a partir dos dados, em contraposição às gramáticas racionalistas que atam a reflexão sobre a língua à reflexão sobre o processo de organização lógica do pensamento.

O século XIX se concentrou na história, na "evolução" e isso direciona a Lingüística Histórica oitocentista. A análise da sintaxe não teve dominância no comparativismo do século XIX, aplicado às línguas indo-européias nos níveis fônicos e mórficos.

No caso da França, nos meados desse século, entra na constituição da gramática escolar francesa um elemento novo: o *circunstancial*, que, somando-se ao *sujeito,* ao *predicado* e ao *atributo*, introduz a noção de *função*, que virá a ser fundamental para romper a dependência da sintaxe em relação à lógica:

> A proposição (sujeito-verbo-atributo) era o calque do juízo (na lógica) e é por esse caminho que representará o real. A representação do real na língua vai se fazer daí por diante ao nível de cada estrutura sintática: quem (fez)? o quê? onde? (*Chervel,* 1979:78).

Esse especialista na história da gramática tradicional francesa considera essa inovação teórica "a ruptura maior que interveio na vulgata gramatical da escola. Traz em germe não apenas o desenvolvimento ulterior do sistema funcional, mas todas as revoluções estruturais que viriam" (ibid.: 5).

Enquanto as teorias lingüísticas dominantes nas duas metades do século XX – estruturalistas/gerativistas – que se opõem e se compõem, são explícitas nos seus objetivos e nos seus passos metodológicos, a tradição gramatical, base da gramática escolar até hoje, traz em si a soma de vinte e três séculos de tradição e contradição, à qual se acumulam as contradições da atualidade, decorrentes de tentar adaptar à tradição secular as construções da Lingüística Moderna.

ANÁLISE DA SINTAXE DO PORTUGUÊS
(Observações no Âmbito
da sua Tradição Gramatical)

REFLEXÃO SOBRE A LÍNGUA PORTUGUESA
Século XVI, Segundo os Modelos Latinos

Dos quatro gramáticos portugueses quinhentistas, Fernão de Oliveira – 1536, *A gramática da linguagem portuguesa* (Oliveira, 1975); João de Barros – 1540, *Gramática da língua portuguesa* (Barros, 1971); Pêro de Magalhães de Gândavo 1574, *Regras que ensinam a maneira de escrever e a ortografia da língua portuguesa* (Gândavo, 1981) e Duarte Nunes de Leão – 1576, *Ortografia e origem da língua portuguesa* (Leão, 1983) apenas João de Barros trata do que hoje incluímos no âmbito da sintaxe.

Fernão de Oliveira, autor de minuciosa análise fonética da língua portuguesa, dedica alguns capítulos (XXX – XLVII) ao léxico, as "dicções", e à morfologia, que ele intitula como "Da analogia". No capítulo XLIX define a "construição" e anuncia um livro que sobre o assunto fazia:

Agora vejamos da composição ou conceito que as partes ou dicções da nossa língua têm entre si... E esta é a derradeira parte dessa obra, a qual os gramáticos chama construição.. Nesta derradeira parte, que é da construição ou composição da língua, não dizemos mais porque temos começada uma obra em que particularmente e com mais comprimento falamos dela. (*Oliveira*, 1975: 123-125).

Não conhecemos outra notícia sobre a sua "construição".

Pelos títulos logo se depreende que os trabalhos gramaticais de Gândavo e Nunes de Leão podem ser definidos como tratados sobre a ortografia, e são eles conhecidos como ortógrafos, distinguindo-se um e outro, entretanto: Nunes de Leão se preocupa com a questão da origem da língua e Gândavo se inscreve em outra orientação que é típica do século XVI – acompanha a sua ortografia um ensaio em defesa da língua portuguesa. O que também se encontra em Fernão de Oliveira, nos capítulos iniciais de sua gramática, e em João de Barros no *Diálogo em louvor da nossa linguagem*.

A *Gramática* de João de Barros é a mais completa entre as quatro primeiras reflexões sobre a língua portuguesa. Define gramática:

> *É vocábulo grego: quér dizer çiênçia de letras. E segundo a difinçam que lhe os gramáticos dérám;* é um modo çerto e justo de falár e escrever, colheito do uso e autoridade dos barões doutos. (*Barros*, 1971:293 – grifos nossos).

e logo a divide segundo os latinos:

> Os quaís pártem a sua gramática em quátro partes: em Ortografia, que trata de lêtera, em Prosodia, que trata da sílaba; em Etimologia, que trata da diçám, em Sintáxis, a que responde a construiçam. *À imitaçam dos quáes* (por termos as suas partes) *dividimos a nóssa gramática.*(*Barros*, 1971:294. – grifos nossos).

Os sessenta primeiros segmentos de sua gramática são dedicados: um, à definição e número das letras; um, à sílaba; cinqüenta e oito, à "diçam", portanto ao que chama Etimologia (seguindo a tradição greco-latina e medieval que denomina a morfologia de etimologia); onze segmentos tratam da "construiçam das partes" e fecha a gramática com nove capítulos sobre a ortografia.

A sintaxe tem portanto um peso pequeno no conjunto da obra, de acordo com o modelo latino que "imitará", como vimos acima.

João de Barros continua portanto a tradição greco-latina quando constrói a sua obra desenvolvendo sobretudo a parte lexicológica. Basta, como exemplo, destacar a sua classificatória dos nomes em duas declinações, à maneira do latim, e também assim o fez com os pronomes (pessoais, possessivos e relativos), destacando, inclusive, os seis "casos", tanto para os nomes como para os pronomes.

Consideremos a sua "construiçam das partes":

> Ésta, segundo difínçam do gramático, é uma conveniência antre pártes postas em seus naturaes lugáres. (*Barros*, 1971:349).

Em nota a sua edição, M. L. Buescu (1971:349) chama a atenção para o fato de a Idade Média ter negligenciado a sintaxe, apesar de, já em Alexandria, Apolônio Díscolo e em Roma, Prisciano, terem considerado a sintaxe como uma parte da gramática. Destaca também o fato de tanto João de Barros como Nebrija, o primeiro gramático da Península Ibérica – 1492 –, terem dado à "construiçám" um "lugar senão relevante, pelo menos já importante" nas suas gramáticas.

João de Barros, na parte sintática de sua obra, trata da "conveniência" das partes: "substantivo como adjetivo, nominativo com verbo, relativo com anteçedente" (1971:349), ou seja da concordância nominal, verbal e do relativo com o termo a que se relaciona. Além da "conveniênçia" trata do "regimento" entre as partes, que define:

> Quando ũa diçám se construe com outra diversa a ela per género ou per número, cáso ou pessoa, sómente per ũa especial natureza com que obriga e sojeita a seguinte a ser posta em algum dos cásos que temos, como se verá adiante. *(Ibid.)*

Mais adiante fala efetivamente dos verbos que "regem genitivo, dativo, acusativo, dativo e acusativo" e denomina a todos de verbos transitivos – "que quer dizer passadores" e os opõe aos verbos que "não passam a auçám em outra cousa", são os verbos neutros. Distingue também os verbos impessoais.

Em seguida trata do "regimento" dos substantivos, dos adjetivos e dos advérbios que, "como os verbos tem natureza pera depois de si regerem alguns casos"... genitivo, dativo, genitivo e dativo. Quanto aos advérbios, além de regerem os casos, como os verbos, substantivos e adjetivos, podem "ajuntarem-se dous ou tres" (p. ex.: *muito bem* se fez isto; *bem prudente e sagazmente* se houveram os Romanos; *mui mal* compriste consigo).

Já destaca João de Barros – e este é um ponto interessante – a simetria interna do que hoje chamamos sintagmas verbais, nominais, adjetivais e adverbiais.

Conclui as poucas páginas sobre a sintaxe enunciando os casos que cada preposição pede, como ocorre na organização das gramáticas do latim. Trata das conjunções para destacar os "máis comuns": "coordenativa" e "disjuntiva" (que "ajunta" ou "divide as partes", respectivamente):

> Se houvessémos de tratar de quantas espéçias i há de conjunçam, seria curiosidade enojósa aos ouvintes". *(Ibid., 355).*

Também considera as interjeições que, para ele, é a décima e última das partes do discurso as quais apresenta nesta ordem: artigo, substantivo, adjetivo, pronome, numeral, verbo, advérbio, preposição, conjunção. Para João de Barros as interjeições também podem "reger casos": o vocativo *(ó Deus!)* ou o genitivo: aquelas que denotam tristeza" *(ái de aqueles!)*

A sua sintaxe se resume a essas observações sobre a concordância e a regência, elementos que até hoje são o cerne da gramática tradicional no que se refere à sintaxe. Conclui a "construiçam", tratando longamente das "Figuras", e o seu modelo é explícito:

> Figura, segundo definçam de Quintiliano, é algũa forma de dizer per alguma arte nova.

Enquanto as "regras" da *construiçam,* com os exemplos, ocupam oito páginas, apenas a listagem e definição das "Figuras" – que ultrapassam quarenta – ocupam doze páginas compactas. Observe-se que desde então os casos excepcionais ("arte nova") superam as regras na gramática, e assim o anômalo ocupa mais espaço que as regularidades...

O MODELO DE PORT ROYAL NA *GRAMÁTICA* DE JERÔNIMO SOARES BARBOSA

Se a primeira sintaxe do português "imita" consciente e explicitamente a gramática latina, a *Gramática philosophica da língua portuguesa* de J. S. Barbosa de 1803 (1ª edição de 1822) segue também consciente e explicitamente a *Grammaire générale et raisonée* de Port Royal de 1660, desenvolvida e aprofundada pelos enciclopedistas franceses.

Jerônimo Soares Barbosa é um homem do século XVIII (1737 – 1816). Queremos com isso dizer que, embora a *Gramática Filosófica* só fosse publicada e difundida no século XIX – sete edições entre 1822 e 1881 – a sua formação está fundada na tradição iniciada pelos gramáticos seiscentistas de Port Royal e aperfeiçoada pelos iluministas franceses, de quem demonstra ser conhecedor e seguidor. Foi ele introdutor de inovações conscientes não só na teoria e descrição da língua portuguesa, como na pedagogia do ensino do português.

Critica gramáticos da língua portuguesa que o precederam, nomeadamente, João de Barros, Amaro de Reboredo, Jerônimo Contador de Argote e Reis Lobato, por modelarem a gramática portuguesa pela latina. E não aceita a metodologia vigente que parte do latim para ensinar o português. Propõe e expõe o caminho inverso na aplicação que faz em suas gramáticas pedagógicas: *Escola popular das primeiras letras* (1796), *Gramática elementar da língua portuguesa* e em *As duas línguas* (1807), uma gramática filosófica comparada do português e do latim, em que diz que "os alunos apreenderão com mais facilidade a gramática da língua portuguesa pois têm a prática e o uso desta como língua materna" (Casteleiro, 1980:81-102).

Jerônimo Soares Barbosa foi um intelectual reconhecido pelos seus contemporâneos: professor de Poética e Retórica na Universidade de Coimbra, membro da Academia Real das Ciências de Lisboa. Além da sua obra de gramática, traduziu parte do *Institutio Oratoriae* de Quintiliano e a *Poética* de Horácio.

A sua gramática filosófica é que lhe deu fama: é considerada como um dos melhores modelos de descrição gramatical existentes do português.

Explicita sua compreensão de língua como "instrumento analítico" do pensamento. Defende o princípio segundo o qual, se os homens pensam conforme as mesmas leis, todas as línguas devem ser governadas pelos mesmos princípios gerais ou universais. Define uma gramática geral como um sistema metódico de regras que resultam das observações sobre os usos e fatos da língua. Distingue os princípios gerais a todas as línguas, seja a *gramática geral* da *gramática particular*, própria a cada uma e assim os denomina segundo a GGR francesa.

A predominância do estudo da história das línguas e conseqüentemente da Filologia nos fins do século XIX e primeira metade do século XX em Portugal, e o Estruturalismo de meados do século XX, deixaram na sombra a linha então inovadora da *Gramática Filosófica*. Esta veio a ser redescoberta, no âmbito da língüística do português, na segunda metade do século XX quando Chomsky declara que sua proposta sobre os mecanismos mentais universais da linguagem humana tinha ilustre antecedente histórico no que ele veio a denominar "lingüística cartesiana", isto é, na escola de gramática e lógica de Port Royal.

Na *Introdução*, J. Soares Barbosa define e apresenta a estrutura de sua gramática. Como os de Port Royal, embora propondo uma gramática geral, filosófica e racional ("razoada" é o termo de J. S. B.) o objetivo, digamos, prático da gramática se explicita na definição que apresenta à página XI:

> Grammatica... não é outra coisa... senão a arte que ensina a pronunciar, escrever e fallar corretamente qualquer língua.

Com base nessa definição defende que "naturalmente" qualquer gramática tem uma parte *mechanica*

> que considera as palavras como meros vocábulos e sons articulados, já pronunciados já escriptos e como tais sujeitos às leis physicas dos corpos sonoros e do movimento.

e outra *lógica*

que considera as palavras, não já como vocábulos, mas como sinais artificiais das idéas e suas relações, e como taes sujeitos às leis psycológicas que nossa alma segue no exercício de suas operações e formação dos seus pensamentos.

Com base nessas definições explícitas e claras, organiza a sua gramática que, ao mesmo tempo, é um "arrazoar" sobre a língua em geral, sobre uma língua particular, o português, e sobre o bom uso no "pronunciar, escrever e falar" dessa língua. Se nos lembramos do esboço feito sobre as orientações da *Grammaire Générale et Raisonée,* vemos que J. S. B. segue o seu modelo: a gramática trata a língua enquanto objeto de estudo e enquanto objeto de ensino, as duas finalidades imbricadas, no molde até hoje mantido na Gramática Tradicional.

À parte *mecânica* da gramática pertencem, nessa ordem, a *Orthoepia* "que ensina a distinguir e a conhecer os sons articulados próprios da língua, para bem os pronunciar" e a *Orthographia* "que ensina os signaes litteraes, adaptados pelo uso para bem os representar". Note-se que a análise da pronúncia, da fala, precede a da escrita (1866:1).

À parte *lógica* pertencem a *Etymologia* "que ensina as espécies de palavras que entram na composição de qualquer oração, e a analogia de suas variações e propriedades geraes" e a *Syntaxe* "que ensina a coordenar estas palavras, e a dispo-las no discurso de modo que façam um sentido, a mesmo tempo distinto e ligado" (1866:1).

Antes de detalhar a sintaxe, que é o foco do nosso interesse neste estudo, vale dizer que na *Introdução* (1866:X) esclarece que a *Etymologia,* como parte desse modelo, não se ocupa "em indagar as origens particulares de cada palavra, mas trata dos signaes artificiaes das nossas idéas".

J. S. Barbosa dedica o *Livro I* à *Orthoephia* e desenvolve a sua análise e regras conseqüentes em oito capítulos. *O Livro II,* organizado em quatro capítulos, em que apresenta os princípios e as regras de sua análise ortográfica. O *Livro III – Da Etymologia ou partes da oração portuguesa* é o cerne da gramática e ocupa seis capítulos, subdivididos em artigos e regras que vão da página 65 à 247. A *Sintaxe*, em seus capítulos também, subdivididos em artigos e regras, da página 242 à 300, isto é, ao fim da gramática. Pela distribuição das partes da gramática se vê que o seu núcleo é aquele que trata das "partes da oração portuguesa". Ainda é, portanto, uma gramática que se centra na palavra como unidade básica do modelo. Não nos concentraremos na análise lexicológica das "partes da oração" de J. S. Barbosa, mas se faz necessário destacar os princípios classificatórios que deixa claros na introdução ao Livro III.

> A Etymologia... tem por objeto averiguar a verdadeira natureza de cada palavra por *ordem e representação analytica do pensamento*, os seus diferentes misteres e usos na enunciação de nossas idéias, e descobrir na *analogia* ou *diversidade* de suas funções comuns; o *fundamento e caracteres de cada classe primitiva ou subalterna* a que todos os elementos do discurso se devem reduzir (1866:65 – grifos nossos).

Disso depreende-se que para a identificação das classes utilizará, nessa ordem, critérios lógico-semânticos, funcionais e, por fim, formais.

Apresentamos a seguir a clara sintetização que dessa classificatória, núcleo da gramática, faz Casteleiro (1980:81-105), taxonomia que foi considerada por gramáticos posteriores e contemporâneos seus como "confusa e complicada" (ibid., 107). Talvez essa tenha sido uma razão por que a tradição gramatical aplicada nas gramáticas tradicionais do português não segue a análise de J. S. Barbosa, segue antes outra que se pode filiar a João de Barros ou mesmo aos gramáticos latinos.

Parecendo seguir Beauzée, ele divide primeiramente as palavras da língua em duas classes gerais: as *interjectivas* ou *exclamativas* e as *discursivas* ou *analíticas*. As primeiras representam percepções e sentimentos de modo "natural", "sumário", global. As segundas representam os nossos pensamentos segundo um modo "artificial e analítico". As palavras discursivas subdividem-se, por sua vez em *nominativas* (nome substantivo e nome adjetivo) que nomeiam e caracterizam as idéias e *combinatórias* ou *conjuntivas (verbo substantivo, preposição e conjunção)*, que combinam as idéias entre si. Esta divisão das partes analíticas do discurso em cinco classes últimas, a qual se afasta da proposta feita pela *Grammaire de Port Royal*, é justificada com três argumentos: 1º) cada classe deve contar apenas palavras simples, isto é, que não se possam decompor noutras (argumento formal); 2º) cada classe deve ser necessária e indispensável à enunciação dos nossos pensamentos, de tal modo que deve existir em todas as línguas (argumento lógico); 3º) cada classe deve exercer no discurso uma função diferente daquela que as outras exercem (argumento funcional). Ora, diz J. S. Barbosa, só as cinco classes enumeradas satisfazem a estes três critérios conjuntamente. De acordo com os critérios lógico e funcional os artigos, os pronomes e os particípios pertencem à classe dos adjetivos. Por sua vez, os advérbios, tendo em conta o critério formal, decompõem-se em preposição e nome. O autor considera *ser* como verbo substantivo. Os outros verbos são adjectivos. Neste aspecto particular segue aliás a *Grammaire* de *Port Royal*, que inclui assim numa mesma categoria de base verbos e adjetivos, proposta que será retomada por alguns gramáticos generativistas. Outra observação interessante e que parece original consiste na aproximação que J. S. Barbosa faz entre pronomes pessoais e os artigos, à semelhança do que será sustentado por Postal (1966), no âmbito da gramática generativa transformacional. Para J. S. Barbosa, os pronomes pessoais não só se referem aos substantivos, como também os modificam, funcionando neste caso como artigos: "tu Antonio", "tu Pedro", "tu Sancho" *(Casteleiro,* 1980-81:105-106).

A gramática tradicional não acolheu a classificatória complexa de J. S. Barbosa, não admitindo uma taxionomia em duas classes básicas, com subclasses menos abrangentes. As relações que Casteleiro faz entre a análise de Barbosa e propostas contemporâneas no âmbito das gramáticas gerativo-transformacionais valem aqui para apenas levantar alguns pontos dos recentes questionamentos da Lingüística contemporânea em relação a esse aspecto da teoria da gramática. Não nos deteremos nisso, apenas acrescentamos o fato de que hoje, nos recentes modelos gerativos, as categorias lexicais operacionais básicas são o nome, o verbo, o adjetivo e a preposição, núcleos, respectivamente, do SN, do SV, do SA e do SP. Com isso queremos apenas mostrar que o que começou com Platão – a taxionomia das palavras – continua ainda em questão.

A sintaxe de J. S. Barbosa parte de uma distinção básica que continua D. Marsais e que tem sido associada à dicotomia chomskiana de dois níveis de análise sintática – a estrutura profunda e a de superfície. É óbvio que não se trata da mesma distinção, mas a relação pode ser estabelecida, quando J. S. Barbosa distingue a *sintaxe* da *construção*. A primeira "é uma ordem sistemática das palavras, fundada nas relações das causas que elas significam" e a segunda "numa ordem local, autorizada pelo uso das línguas. Exemplifica: *Alexandre venceu a Dario* e a *Dario venceu Alexandre*, as construções são contrárias, porém a sintaxe é a mesma" (Barbosa, 1866:244).

Inicia a sua análise definindo *oração* que, para ele, quer dizer a mesma coisa que *proposição* ou *frase* – no que se afasta dos racionalistas franceses que distinguem *frase* (= constituição formal) de *proposição* (= conteúdo semântico). Define a oração simplesmente como "qualquer juízo do entendimento, expressado com palavras" (1866-243).

Desenvolve no capítulo primeiro da Sintaxe uma coerente taxionomia das orações, depois de defini-las como sempre constituídas de *três termos* – sujeito, atributo e verbo, nessa ordem – "os quaes se exprimem com três palavras *eu sou amante;* ou com duas equivalentes às três *sou amante;* ou com uma só que concentra em si as três, como: *amo"* (1866:243). Defende que qualquer oração pode ser assim interpretada.

Na taxionomia das orações distingue as *simples* (com um sujeito) e *compostas*, se têm mais de um sujeito, ou mais de um atributo *(eu e tu somos amantes e estimadores da virtude* = eu sou amante, tu és amante, eu sou estimador, tu és estimador); as *totais*, que não fazem parte, nem gramatical, nem integrante de outras (= a *principal* e as *subordinadas*), e as *parciais* que fazem parte das *totais (= incidentes* ou *integrantes).* As *incidentes* ou restringem ou explicam qualquer termo da proposição total. As *integrantes* não só inteiram o sentido da proposição total, como as *incidentes,* mas também a sua gramática, completando a significação relativa ao atributo da mesma.

Note-se que também na análise dos tipos de oração a tradição gramatical vigente não segue a classificação de J. S. Barbosa. Veja-se que as *parciais incidentes* e as *parciais integrantes* (na terminologia corrente hoje, *relativas* e *completivas)* não são para ele subordinadas. Não faz também distinção entre coordenadas e subordinadas. Nas suas subordinadas estão as que expressam o *nexo* e as que expressam a *ordem* (ou seja os tipos de ordenação das orações). Os tipos de *nexo* e de *ordem* estão explicitados na parte da *Etymologia* em que trata das conjunções, que podem ser *homólogas* ou *similares* (coordenativas de hoje) e *anomólogas* ou *dissimilares* (subordinativas de hoje). Considera *relativos conjuntivos* os pronomes relativos da nomenclatura vigente e a conjunção integrante *que.* À página 240 explica porque considera o *que,* que hoje classificamos como integrante, *relativo conjuntivo* e explica também porque considera as *incidentes* e *integrantes,* que também estão subordinados a outra oração, diferentes das totais subordinadas:

> As proposições incidentes e integrantes são também subordinadas às de que fazem parte. Porém tem uma grande diferen-

ça das totaes, que são ligadas às principaes por outras conjunções sem ser o *que*. Estas totaes subordinadas não tem logar certo no período; podem estar ou depois das suas principaes ou antes; aquellas porém, que fazem parte das outras, têm seu lugar assignado, que nunca podem mudar, a saber: as incidentes logo imediatamente ao sujeito ou atributo da proposição total; e as integrantes logo imediatamente depois do verbo activo, que os determina.

Vale estabelecer uma relação interessante, já que outras foram estabelecidas, com o modelo gerativo *standard*, em que as do tipo *incidentes* e *integrantes* de J. S. Barbosa são tratadas como transformação de encaixamento de natureza diferente das transformações que originam as subordinadas do tipo *totaes* de J. S. Barbosa, isto é, na metalinguagem corrente, as subordinadas adverbiais.

Todo o capítulo II é dedicado às regras de *concordância* e conclui com as *discordâncias* ou *solecismos*, ou seja, as possibilidades de exceções a essas regras.

O capítulo III dedica ao que chama de "sintaxe de regência". Note-se que nele não aparecem os termos metalingüísticos de João de Barros – *conveniência e regimento*, mas aqueles que a tradição gramatical utiliza até hoje. Explicita primeiro as regras de *regência regular*, em que nada é necessário subentender-se.

Analisa item a item o *complemento objetivo*, o *complemento terminativo* (estes precedidos de *a, para, por, de, com, contra*), o *complemento restritivo* e o *complemento circunstancial*, "estes (os dois últimos) não são determinados nem regidos por parte alguma da oração", como os dois anteriores "que são necessários e indispensáveis para completar a significação" das partes que rege, que "sem elas ficariam por completar e suspensa" (1866-267).

À sintaxe de regência regular seguem os casos de regência irregular decorrentes de *elipses*.

O capítulo IV dedica à *construção direta* e à *construção invertida*. Na *direta* a "construção segue a ordem da sintaxe" (1866-279). Destaca *anástrofes* de *hipérbotons*, recursos, segundo o autor, comuns a todas as línguas, responsáveis por mudança na ordem sintática.

Faz-se interessante destacar que, diferentemente de João de Barros e de muitas das chamadas gramáticas tradicionais, entram na teoria e descrição da *construção* de J. S. Barbosa, os *solecismos*, as *elipses*, as *anástrofes* e os *hiperbatons*, recursos sintáticos que, nas obras mencionadas, são tratados, segundo antiga tradição, como *Figuras*, próprias às escolhas retóricas do discurso e não à gramática.

Vemos aqui mais um ponto em que se debate a Lingüística contemporânea para estabelecer os limites da análise da sintaxe e que não se apresenta consensual, tal como a taxionomia das classes de palavras.

O último capítulo da Sintaxe, o sexto, é uma aplicação da sua teoria às duas primeiras estâncias de *Os Lusíadas*.

Não podemos concluir esta resenha da obra de J. S. Barbosa sem lembrar que, no ensino secundário, até fins da década de 50, qualquer professor de Português considerado bom seguia, talvez sem o saber, essa tradição pedagógica, se não lançada pela *Grammatica Philosophica*, pelo menos acolhida, com prestígio, por Barbosa. Nas suas páginas finais (da 290 à 300) disseca, cartesianamente, segundo as regras que explicitou, as duas célebres oitavas camonianas, que afastaram ou aproximaram algumas gerações de *Os Lusíadas* e também das análises gramaticais da língua portuguesa.

Conclui ele no seu último parágrafo:

> Isto é o que havia para dizer de mais importante quanto à gramática d'estas estâncias de Camões. Outras observações

mais miúdas se podiam fazer, porém deixam-se à inteligência dos leitores para não os enfastiar com uma análise mais comprida (1866-300).

A *Grammatica* de J. S. Barbosa atrai e surpreende hoje por sua organização interna, lúcida e explícita, em que os conceitos propostos estão definidos com clareza e em que a coerência seja talvez a sua qualidade mais forte.

Resta-nos perguntar se teria alcançado seus objetivos a *Grammatica Philosophica* de J. Soares Barbosa: 1. ser uma "gramática geral"; 2. ser uma "gramática particular"; 3. como tal "ensinar a pronunciar, escrever e falar corretamente".

É de supor que não.

Será *universal* no sentido do que os lógicos de Port Royal consideravam universal, isto é, a sua forma de organizar e explicitar o raciocínio necessário à expressão de uma linguagem "bem acabada", quer dizer, segundo os seus princípios lógicos de análise. Será uma gramática *particular,* isto é, de uma determinada língua, apenas no sentido de explicitar numa seqüência que se pode considerar convincente, porque coerente com suas regras gerais para "pronunciar, escrever e falar corretamente", entendendo-se portanto que a única expressão lingüística aceitável como correta seria aquela que obedecesse àquele cânone.

Parece-nos que o único objetivo alcançável pela *Grammatica* seria o de disciplinar o uso escrito e falado formal por meio do treinamento na escola da aplicação de suas regras.

Esse objetivo possivelmente terá alcançado. Como não podemos voltar ao passado para testar empiricamente o sucesso ou o fracasso pedagógico dessa gramática, podemos apenas intuir que os discípulos de então – estes se restringiriam certamente (na sua maioria) a uma aristocracia sócio-econômica e cultural – já chegariam à escola naturalmente dominando a maioria daquelas regras. A atuação do ensino da gramática se exerceria em disciplinar sobretudo o uso escrito e o uso oral formal, objetivo, aliás, final das gramáticas racionais que, como vimos, buscaram o "langage achevé", não no sentido prescritivo apenas estético do "beau langage", mas no sentido prescritivo lógico, analítico (Chiss, 1979:59), meta do modelo racionalista francês, muito bem seguido por J. S. Barbosa.

UMA "NOVA GRAMÁTICA" SEGUNDO A TRADIÇÃO GRAMATICAL
(A *Gramática* de Celso Cunha e L. F. Lindley Cintra)

Balizas para uma Avaliação

Para uma avaliação da *Nova gramática do português contemporâneo* (1985) devem entrar na argumentação não só os elementos caracterizadores da tradição gramatical do passado, mas também aqueles das teorias lingüísticas que se constituíram no século XX, a partir do corte epistemológico radical que os estruturalismos, tanto europeu como americano, fazem não só em relação à lingüística historicista do século XIX, mas também em relação à tradição gramatical que se construiu desde Platão e se apresenta, poderíamos dizer, consolidada na gramática de Port Royal.

Enquanto não foi difícil buscar em Jerônimo Soares Barbosa sua coerência com a tradição de Port Royal, torna-se muito menos fácil buscar nesta gramática tradicional do português, dos fins do século XX, o que nela se deve à tradição de mais de vinte séculos e o que nela se deve ao descritivismo estruturalista e a outras formas de análise da língua que se desenvolveram ao longo deste século.

Examinamos anteriormente alguns aspectos que consideramos fundamentais no percurso interno da constituição de tradição gramatical, destacando sobretudo a conformação da teoria tradicional sobre a sintaxe, por ser o nosso foco de atenção, sem, entretanto, deixar de nos deter na conformação da teoria das "partes do discurso" que, precedendo a sintaxe, foi sempre o aspecto prioritário na tradição gramatical, como, aliás, esperamos ter deixado claro. Partes do discurso ou dicção ou palavras são a base das "Etimologias" ou "Morfologias" da tradição gramatical e "frase", confundida com "proposição" ou desta distinguida, é o ponto de partida das "sintaxes" predominantemente lógico-semânticas, dessa tradição.

Para a avaliação que pretendemos, não é possível deixar de sintetizar aqui os princípios teóricos e metodológicos básicos que opõem o estruturalismo lingüístico e que cortam radicalmente com a tradição gramatical. John Lyons, na sua *Introdução à lingüística teórica* (1979:38-54), explicita com clareza e detalhes esses pontos básicos que delimitam a chamada Lingüística Moderna, em relação à reflexão tradicional sobre a linguagem.

Sumariamente podemos definir que os pontos fundamentais que opõem esses dois momentos da reflexão sobre a linguagem são:

1. O rompimento definitivo com a precedência da língua escrita sobre a falada. Qualquer variedade de uma língua passa, portanto, a ser objeto de estudo, sem que uma seja mais importante que outra para a Lingüística.

2. O rompimento definitivo com a postura tradicional de que só a variedade culta escrita deve ser objeto da gramática. Separa-se assim a gramática prescritiva ou normativa do

que se quer como centro da Lingüística, ou seja, a gramática descritiva. Esses dois primeiros pontos indicam a superação definitiva do "erro clássico" da tradição gramatical, estabelecido em Alexandria por Dionísio da Trácia na sua gramática grega do 1 século a.C.

3. O rompimento definitivo entre pensamento/língua, que atrelou menos ou mais explicitamente a reflexão tradicional sobre a língua à Lógica, princípio assumido com toda clareza pelos gramáticos lógicos de Port Royal. Separa-se portanto a Lógica da Gramática.

4. Estabelecimento do corte metodológico que separa a abordagem sincrônica no estudo das línguas da abordagem diacrônica e se torna a busca primeira a depreensão da estrutura das línguas, que permite o seu funcionamento no aqui e no agora, tornando-se preocupação secundária e independente o estudo do construir-se das línguas no seu constante mudar, sem com isso deixar, em nenhum momento, de funcionar satisfatoriamente para aqueles que a utilizam. Separa-se assim a Lingüística Diacrônica da descrição das línguas ou Lingüística Sincrônica.

5. Estabelecimento de um modelo teórico que enforma uma metodologia de análise em níveis hierarquizados, que parte dos constituintes mais simples (os fones) até chegar aos mais complexos, as orações. Cria-se um modelo de Gramática constituído pela Fonética/Fonologia, Morfo-fonêmica, Morfologia, Morfo-sintaxe, Sintaxe. Na análise de cada um deles é observada a sua organização paradigmática e sua combinatória sintagmática.

6. Estabelecimento de que a oração é o limite entre a gramática (ou o sistema) e as estruturações complexas do discurso. Separa-se assim a Retórica (no seu sentido amplo) da Gramática.

7. Delimitação da análise da significação como um instrumento para a interpretação da análise dos diversos níveis hierarquizados do sistema e não objeto de análise da gramática. Separa-se a Semântica da Gramática.

8. Decorrentes dos pontos de vista teóricos acima enumerados (observem-se os pontos 3., 5., 6. e 7.) a Gramática se configura como formal e não lógico-semântica. A precedência da forma lingüística sobre o significado permitiu que a Lingüística pudesse operar com qualquer língua histórica, pelo menos para descrevê-la, nos níveis mencionados em 5.

9. Para cumprir os seus objetivos, os estruturalismos se definiram pelo método indutivo, de observação sistemática de dados, a partir sempre de um *corpus* previamente selecionado, negando a exemplificação forjada ou aleatoriamente escolhida pelo lingüista, procedimento que caracteriza a tradição gramatical dominante até o século XIX.

A partir desses pressupostos básicos, os estruturalismos rompem tanto com o historicismo dominante oitocentista, como com as especulações lógico-semânticas, racionalistas, mas intrinsecamente normativas que moldaram a gramática chamada tradicional.

Muitos dos pressupostos estruturalistas enumerados, se não todos, estão contestados nas reformulações teóricas e metodoló-

51

gicas da teoria lingüística hegemônica na segunda metade do século XX, o gerativismo. Não avançaremos quanto a essa nova ruptura epistemológica na Lingüística deste século que, em certos pontos, aproxima-se da tradição gramatical, por exemplo: a relação pensamento/língua, ou seja, o princípio básico do racionalismo; a metodologia decorrente da posição teórica, isto é, a dedução e a negação do *corpus,* investindo antes na intuição e na experiência do falante da língua analisada; a busca da gramática universal, com base no princípio da faculdade universal da linguagem no homem.

Colocados os princípios motivadores da tradição gramatical e dos modelos estruturalistas, consideramos que temos alguma baliza em que estear a avaliação da *Nova gramática do português contemporâneo.*

Antes uma breve observação sobre o qualificador *nova.* Um exemplo: a gramática escolar que dominou na França no século XIX, de Noël e Chapsal, publicada em 1823 e reeditada durante todo aquele século foi intitulada *Nouvelle grammaire française* e era uma adaptação das gramáticas dos Enciclopedistas. A sua inovação se constituía em separar o ensino do francês, autônomo, em relação ao latim, embora o latim continuasse no centro do ensino das humanidades, entre as disciplinas formadoras das elites sociais (cf. Chiss, 1979:55). Hoje é freqüente encontrarem-se gramáticas do português, que seguem o modelo tradicional, adjetivadas não só como *novas,* mas *novíssimas* ou *modernas.* Procuraremos determinar o valor de *nova* na gramática que passaremos a discutir.

Objetivos da *Nova Gramática* e sua realização

Os dois autores desta gramática são, sem dúvida, um do lado de cá do Atlântico, outro, do lado de lá, dos mais renomados especialistas da Língua Portuguesa nesta segunda metade do século XX. A biografia de ambos mostra o extenso e intensivo trabalho que desenvolveram ao longo de suas vidas acadêmicas na direção do conhecimento diacrônico e no estudo da diversidade sincrônica do português, sobretudo no seu aspecto diatópico, mas também social. São filólogos e dialetólogos, diríamos, trabalham com a Lingüística Histórica no seu sentido lato, além de se terem dedicado aos estudos literários: Lindley Cintra à literatura medieval e tradicional e Celso Cunha à teoria da versificação, sobretudo da poética medieval.

Celso Cunha, nos fins da década de 60, começou a publicar manuais para as séries ginasiais; em 1970 publica a *Gramática do português contemporâneo*, que já ultrapassou a décima edição; em 1972 publica a *Gramática da língua portuguesa*, que também já ultrapassou a décima edição e em 1985, a *Nova gramática do português contemporâneo*, de que nos estamos ocupando. Pelo que conhecemos da atividade de Lindley Cintra, nada nos informa de que antes tenha se dedicado à elaboração de gramáticas: a sua extensíssima produção é filológica, dialetológica e, complementarmente à filologia medieval portuguesa, é especialista na literatura historiográfica e tradicional hispânicas.

Nesta *gramática* está explícito à página XV que "toda a obra foi objeto de exame conjunto e de troca de sugestões entre os seus autores" e que a Lindley Cintra cabem a redação do capítulo 2 "Domínio atual da língua portuguesa", a maior parte do 3 "Fonética e Fonologia" e o "tratamento contrastivo" do capítulo 13 "Verbo". Neste último encontram-se observações contrastivas entre características morfo-fonêmicas que distinguem grupos de verbos na variedade portuguesa e brasileira. Daí depreendeu-se que a redação primeira dos outros capítulos é de C. Cunha.

No Prefácio estão os objetivos da *Nova Gramática:*

a. "Trata-se de uma tentativa de descrição do português atual na sua forma culta, isto é, a língua como a têm utilizado os escritores portugueses, brasileiros e africanos do Romantismo para cá, dando naturalmente uma situação privilegiada aos autores dos nossos dias" (pág. 14).

b. "Esta gramática pretende mostrar a superior unidade da língua portuguesa dentro de sua natural diversidade; particularmente do ponto de vista diatópico, uma acurada atenção se deu às diferenças no uso entre as modalidades nacionais e regionais do idioma sobretudo às que se observam entre a variedade nacional européia e a americana". (pág. 14).

c. "No estudo da fonética e da fonologia, procurou-se estabelecer, sempre que possível, a equivalência entre os conceitos e a terminologia tradicionais e os da fonética acústica e da fonologia moderna; no estudo das classes de palavras, examinou-se a palavra em sua forma e, a seguir, em sua função, de acordo com os princípios da morfo-sintaxe" (pág. 15).

d. "Notar-se-á, por outro lado, uma permanente preocupação de salientar e valorizar os meios expressivos do idioma, o que torna este livro não apenas uma gramática, mas, de certo modo, uma introdução à estilística do português contemporâneo" (pág. 15).

Observando-se, no conjunto, essas quatro proposições podemos afirmar que esta obra não é uma gramática, mas também é uma gramática.

Explicitamente na proposição *d*, os seus autores assumem que o livro é uma *introdução à estilística do português contemporâneo*. Se relacionarmos a proposição *d* com a *a*, vemos que o material sobre que trabalham os autores só poderá levar, de fato a uma estilística, já que é uma "tentativa de *descrição* do português atual na sua forma culta, isto é, *da língua como a têm utilizado os escritores portugueses, brasileiros e africanos do Romantismo para cá*" (pág. 15, grifos nossos).

Uma primeira crítica que nos permitimos fazer é a de que os Autores poderiam, com o saber que têm, ter separado a gramática da estilística ou então ter eliminado do título "gramática", escolhendo uma designação mais abrangente, ou, ainda, poderiam ter dividido a obra em mais de uma.

Explicitamente na proposição *b* os autores assumem que a "gramática pretende mostrar a superior unidade da língua portuguesa..." Veja-se que na proposição *a* afirmam que é "uma tentativa de descrição do português atual na sua forma culta..." com base no uso dos escritores lusófonos. Pela proposição *b* se esperaria um trabalho de Dialectologia diatópica comparada da língua portuguesa; mas todos sabemos e os Autores certamente mais que nós, que a Dialectologia trabalha com a língua falada. É claro que se poderá fazer uma Estilística dialetológica ou uma Dialectologia estilística, mas isso ultrapassava os limites de uma gramática e mesmo os limites da tradição dos estudos dialectológicos.

Examinando-se a *Nova gramática* se poderá ver nos capítulos 2 e 3 que os autores nos apresentam um excelente painel dialectológico diatópico, embora apenas ao nível das variações fônicas, nas diferentes áreas do mundo em que a Língua Portuguesa é usada e com base na documentação existente. Concordamos com o fato de que, na tradição gramatical, e para nos limitarmos a essa tradição aplicada ao português, a descrição fonética da língua tem sido parte da gramática desde Fernão de Oliveira em 1536; veja-se também, já no século XVIII-XIX, a *Gramática* de J. S. Barbosa. É verdade que nessa tradição tais descrições são um instrumento para fundamentar a ortografia. Na *Nova Gramática* temos, de fato, dois capítulos de Dialetologia, segundo os cânones dessa disciplina da Lingüística, que se estabelecem a partir do século XIX. Essas observações sobre a preposição *b* também nos levam a confirmar que este livro, para ser coerente com seus objetivos, poderia ter tido um outro título que melhor espelhasse a sua abrangência: Estilística, Dialetologia, Gramática.

Ou estamos nós interpretando mal seus Autores? Será que a *"Nova"* que incluem no título decorre exatamente dessa abrangência que estou criticando, isto é, das imbricações da Dialetologia e da Estilística numa Gramática? Pode ser que seja assim, não temos como confirmar ou negar essa suposição. Se assim fosse, esperaríamos que se justificasse uma definição de *Nova Gramática*, já que o conceito de *Gramática* não implica em Estilística e Dialetologia.

Consideremos o que delimitaríamos como a Gramática desta *Nova Gramática*.

É uma gramática que dá precedência à língua escrita culta literária. Segue, portanto, o princípio estabelecido já em Alexandria. Cumpre o que Lyons batizou de "erro clássico" da tradição gramatical.

Apesar do seu importante capítulo sobre a Fonética e a Fonologia das variedades do português e da descrição das alternâncias vocálicas variantes em grupos de verbos, estudo de morfo-fonêmica deslocado para o capítulo 13, toda a análise gramatical se prende na produção literária dos autores indicados no *Elenco* ao fim do livro.

De um *Elenco* extensíssimo de autores da Língua Portuguesa, decerto não se fez um levantamento exaustivo, mas se depreenderam usos comuns e usos específicos que se destacaram para os analistas no processo de leitura dos mesmos. Queremos com isso expressar que não é um *corpus* fechado, mas livre, o que segue a tradição gramatical e não as exigências da Lingüística Descritiva contemporânea que predetermina seu campo de observação. Parece-nos, então, que na proposição *a*, o termo *descrição* não tem o valor que a ele lhe dá o descritivismo contemporâneo. Não poderá assim ser definida a *Nova Gramática* como uma *Gramática Descritiva*.

Também em seus objetivos a gramática não se define como *normativa;* a escolha, entretanto, do objeto observado e avaliado tem subjacente a presença do *ideal lingüístico* a ser seguido pelo menos na língua escrita culta: o que está representado e foi observado pelos Autores do Romantismo para os nossos dias.

É importante que se leve em conta no capítulo 1 da *Nova Gramática* (Conceitos Gerais), o subitem em que discutem a noção de correto (págs. 4-8): consideram falsos os postulados em que a gramática logicista e a latinizante esteavam a correção idiomática; discordam da tradição anticorretista "que vem assumindo, em nossos dias, atitudes violentas, não raro contaminados de radicalismo ideológico" (pág. 5); examinam vários autores que discutem o problema e concluem a reflexão sobre a questão, tomando uma posição intermediadora entre os extremos:

> É justamente para chegarem a um conceito mais preciso de "correção" em cada idioma que os lingüistas atuais vêm tentando estabelecer métodos que possibilitem a descrição minuciosa de suas variedades cultas, seja na forma falada, seja na escrita. Sem investigações pacientes, sem métodos descritivos aperfeiçoados, nunca alcançaremos determinar o que, no domínio da nossa língua ou de uma área dela, é de emprego obrigatório, o que é facultativo, o que é tolerável, o que é grosseiro, o que é inadmissível; ou, em termos radicais, o que é e o que não é correto (pág. 8).

O que deverá ser o modelo para o uso lingüístico do português não se pode ainda determinar, mas poderá vir a ser, depois das minuciosas análises das variedades cultas, falada e escrita. Assim interpretamos a conclusão a que chegam os autores. Confirmam, portanto, a tradição de estabelecer uma determinada variedade da língua como a que deve ser seguida. A partir daí se pode afirmar que é uma *gramática normativa,* considerada a *norma* numa visão alargada, própria às orientações modernas da Dialetologia.

Reportando-nos à tradição gramatical, vemos que, em nenhum momento, a *Nova Gramática,* coerente com seus objetivos, segue a linha das chamadas gramáticas gerais ou racionais, pois não pretende apresentar e não apresenta regras comuns a todas as línguas, nem segue o princípio diretor dessas gramáticas que estabelece relação entre pensamento e língua. Neste ponto está de acordo com um dos pressupostos dos estruturalismos contemporâneos, aquele que se restringe à descrição de uma "língua particular", utilizando metodologia de caráter indutivo. A *Nova Gramática* não é, portanto, dedutiva, observa dados – embora em um *corpus* genérico e aberto. Seguirá ela a hierarquia estrutural proposta nas análises de caráter descritivo, segundo a tradição estruturalista?

Consideremos a estrutura da obra:

A proposição *c* é aquela em que se define a parte que chamaríamos propriamente gramatical da obra em que estão expressos como objetivos: o estudo fonético e fonológico e o estudo das classes de palavras. No primeiro, "sempre que possível procurou-se estabelecer a equivalência entre os conceitos e a terminologia tradicionais e os da fonética acústica e da fonologia moderna" (pág. 14); no segundo, "examinou-se a palavra em sua forma e, a seguir, em sua função, de acordo com os princípios da morfo-sintaxe". Explicita-se assim uma orientação que se baseia em técnicas de análises que são devedoras aos avanços da chamada Lingüística Moderna, no nível da fonologia e da morfo-sintaxe.

Não nos deteremos na parte fonética/fonológica para nos concentrarmos no que os Autores denominam de morfo-sintaxe. Ressalte-se, entretanto, a útil e clara Introdução Geral que precede a análise dos sistemas fonológicos das duas variedades do Português, fundamentadas em monografias especializadas para atingir um público mais amplo.

Segue-se a esse capítulo, informado por recente bibliografia sobre fonologia do português, o quarto, intitulado "Ortografia". Surpreende negativamente porque, numa *gramática* que se define como nova, encaixa-se no seu corpo um capítulo sobre ortografia em que não se tem mais do que a repetição das regras ortográficas vigentes e as diferenças entre as ortografias portuguesa e brasileira. Ora, se se optou por isso por causa da feição pedagógica da gramática, poder-se-ia ter esse instrumento para a grafia correta como um apêndice à *Gramática*, mas não no próprio corpo central da obra. As convenções ortográficas não deveriam confundir-se com as regras gramaticais depreendidas da estrutura de uma língua.

Observação do mesmo tipo fazemos ao fato de inserir-se, entre o capítulo 20 "Discurso direto, indireto e indireto livre" e o 22 "Noções de versificação" o 21, sobre "Pontuação". Acreditamos que as convenções de pontuação para a língua escrita também não cabem no corpo de uma gramática. Se são necessárias, como parte do caráter pedagógico da *Gramática*, que fiquem como as regras ortográficas em Apêndice.

Quanto à morfo-sintaxe, ela ocupa os capítulos de 5 a 18, embora o 7 seja intitulado "Frase", "oração", "período" e a esse relacionável diretamente é o 18, em que trata do "Período e sua construção". O capítulo 19 se dedica às "Figuras de sintaxe" e o 20, já mencionado, aos três tipos de discurso.

Essa estruturação da *Nova Gramática* é o que se encontra na *Gramática* do *português contemporâneo* (Cunha, 1970), mas não é a da *Gramática da língua portuguesa* (Cunha, 1972). Esta última, das três, parece-nos a mais adequada segundo os moldes da gramática tradicional, porque exclui da morfo-sintaxe o capítulo dedicado à "Oração e seus termos", embora permeie entre uso e o "Período" a parte referente à morfo-sintaxe que se subdivide em nove partes, cada uma dedicada a uma das classes de palavras, ocupando a "Interjeição" um capítulo independente. Já na *Nova Gramática* as "Interjeições" sucedem, sem distinção, as nove outras classes que adota, nessa ordem: *substantivo, artigo, adjetivo, pronomes, numerais, verbo, advérbio, preposição, conjunção* – a tradicional taxionomia já adotada por João de Barros.

É estranha a estruturação do que está denominado de morfo-sintaxe na *Nova Gramática*. Por que não distinguir morfologia de sintaxe, e se se quer ser mais moderno, por que não distinguir morfologia, morfo-sintaxe e sintaxe, uma vez que à página 116, no capítulo "Frase", "oração", "período" define a *sintaxe* como *"a parte da gramática* que descreve as regras segundo as quais as palavras se combinam para formar frases" (grifo nosso)?

Neste mesmo capítulo há que observar que o conceito de *oração* está como a "frase que contém uma só forma verbal" ou "uma locução verbal" e o de *período*, "a frase organizada em oração ou orações". Daí se conclui que oração é frase e período é frase. E o conceito de *frase*? Está assim explicitado: "Frase é um enunciado de sentido completo, a unidade mínima da comunicação". Ora, há orações que são incompletas quanto ao sentido, há orações que completam o sentido de outra, não têm portanto sentido completo, então não são frases. Há uma incongruência nas definições de *oração* e *frase*.

Ainda no campo das conceituações:

A definição dada para a *frase* é fundamentalmente semântica. Na proposição *c* intenciona examinar a palavra em sua forma e, a seguir, em sua função. Ora, se os critérios para a classificação das palavras que se propõem são o formal e o funcional, por que o semântico para a frase, que está incluída no que denomina de morfo-sintaxe, complementar à fonética e fonologia?

É de admirar também que à página 120, ao definir sujeito e predicado, introduz os conceitos operacionais vigentes, a partir dos estruturalismos, de *sintagma nominal* e *sintagma verbal*, que são *constituintes estruturais* de uma *frase*, no momento em que se está apresentando a análise relacional das funções sintáticas. Por razão pedagógica, pensamos, exemplifica com diagramas estruturais, a organização da frase em constituintes imediatos, próprios às gramáticas sintagmáticas do estruturalismo distribucional e dos primeiros gerativismos. Entretanto, nos capítulos subseqüentes, não mais se operará nem com constituintes imediatos, nem com as correspondentes designações metalingüísticas, retornando às *palavras* e às *frases*.

Observação da mesma natureza se pode fazer ao que ocorre no capítulo 5, quando introduz o conceito de *morfema*, mas logo continuará operando com os *radicais, flexões* e *sufixos*, da tradição gramatical. Veja-se, por exemplo, às páginas 379 e ss., quando trata da morfologia verbal.

A tentativa de modernizar a análise incluída pelos Autores na morfo-sintaxe confunde a tradição com elementos tomados à análise dos estruturalismos. Essa utilização ocasional da análise sintagmática no corpo de uma análise nos moldes tradicionais confirma a crítica de Perini (1985:6-11) à gramática tradicional do português: "inconsistência teórica e falta de coerência interna".

Outro exemplo desse procedimento ocorre às páginas 143-144, quando tratam do agente da passiva no âmbito da exposição dos termos integrantes da oração e, logo em seguida, expõem, à moda do gerativismo *standard*, a transformação passiva. Tratar de transformação de frase numa gramática não transformacional não é coerente e o fato se torna fortemente inconsistente quando, ao expor sobre os termos integrantes da oração, tratar de um tipo de transformação oracional.

61

O cruzamento de duas ou mais orientações teóricas e metodológicas prejudica a ordenação das regras da gramática, ordenação que não é só uma exigência da lingüística contemporânea, quer estrutural, quer gerativa, mas já era uma exigência, embora de formato diverso, das gramáticas racionais dos séculos XVII e XVIII.

Ao concluir o capítulo 7, inesperadamente trata da entoação oracional, que, a nosso ver, poderia ter sido deslocado para o capítulo da "Fonética e Fonologia", incluindo aí uma subparte sobre a fonologia supra-segmental. Esse fato surpreende não só pelo deslocamento mencionado mas também por ser explícito na gramática na sua proposição *c* "descrever o português... utilizado por escritores portugueses". É, portanto, definição uma gramática do português escrito e não do português falado. Compreendemos que os Autores tenham querido enriquecer a sua obra, mas isso poderia ter sido feito de forma mais coerente, procurando superar a dificuldade (talvez insuperável!) de conjugar ao modelo da tradição gramatical os avanços – de amplo conhecimento dos Autores – com os quais os estudos contemporâneos têm enriquecido a descrição e a explicitação do funcionamento do português.

Na proposição *c* afirmam que "no estudo das classes de palavras, examinou-se a palavra em sua forma e, a seguir, em sua função" (pág. 15).

A primeira das classes estudadas é o substantivo e é definido como "a palavra com que designamos os seres em geral" (pág. 171). Uma definição semântica. Os *pronomes pessoais* "denotam pessoas gramaticais", os *possessivos* "o que lhes cabe pertencer", os *demonstrativos* "o que delas se aproxima ou se distancia no espaço ou no tempo" (pág. 309). São também definições semânticas e não formais e funcionais. O mesmo ocorre na definição dos *numerais* (pág. 358) "para designarmos uma quantidade exata de pessoas ou coisas ou para assinalarmos o lugar que elas ocupam numa série"; das *interjeições* "espécie de grito com que traduzimos de modo vivo nossas emoções" (pág. 577). Já as definições do *artigo*, do *adjetivo*, do *advérbio*, da *preposição* e *conjunção* são de caráter funcional e a do *verbo* é formal – "palavra de forma variável" e semântica "exprime o que se passa, isto é, um acontecimento representado no tempo".

Intencionando ser formal e funcional, de acordo com os princípios da morfo-sintaxe (pág. 15) e com o dos estruturalismos em geral, a classificatória é, conforme a tradição, predominante semântica.

A *Nova Gramática* não cumpre os princípios descritivos dos estruturalismos a não ser no capítulo 3; se examinarmos os princípios da tradição sedimentados, por exemplo, na gramática lógica de J. S. Barbosa, a *Nova Gramática* ainda mais distanciada se encontra. Mantém-se fundamentalmente, uma gramática de base lexicológica, segundo os moldes greco-latinos. As funções sintáticas são analisadas a partir do "emprego" das palavras e estas são analisadas na sua morfologia. Continua, desse modo, a *Nova Gramática* a privilegiar a tradição, optando por uma taxionomia das classes de palavras que vigora desde o século XVI nas gramáticas da língua portuguesa, apesar de outras existirem, como a mais rigorosa que se encontra na gramática de J. S. Barbosa e dos avanços teóricos quanto a esse aspecto da gramática que a Lingüística Moderna vem desenvolvendo.

É de lamentar que seus Autores não tenham podido na sua Morfo-sintaxe aproveitar, como o fizeram para a Fonologia, das contribuições que estudos deste século vêm dando tanto à questão básica da taxionomia das classes como a análise sintagmática em constituintes.

A conjugação do *velho* ao *novo* não parece ser o melhor caminho para uma renovação da gramática de uma língua. Pelo menos não é o mais fácil. Esta *Nova Gramática*, entretanto, conjuga um manancial de dados que a transforma em um *Manual* muito rico de informações sobre o português contemporâneo, fundamentalmente, mas não exclusivamente, na sua variedade escrita literária.

Desempenha também um papel ideológico claro – que podemos relacionar à proposição *b* – "pretende mostrar a superior unidade da língua portuguesa dentro de sua natural diversidade". Atitude que reflete a posição dos seus Autores em relação à questão da política lingüística para os países que hoje têm o português como língua nacional e/ou oficial. Podemos aqui parafrasear Fournier e Leeman (1979:104) e dizer que esta *Gramática*, como qualquer gramática, não é *inocente*.

OBSERVAÇÃO PARA FINALIZAR

Para concluir este pequeno ensaio de reflexão – que em nenhum momento e em nenhum aspecto pretendeu ser exaustivo – sobre a tradição gramatical, a gramática tradicional e a constituição de uma análise da sintaxe no âmbito da língua portuguesa, não queríamos deixar de explicar um ponto de vista: a língua portuguesa está a merecer que se produzam sobre ela gramáticas em que estejam bem definidos não só os campos explorados – que não se entrecruzem objetivos especificamente pedagógicos, com aqueles meramente normativos ou descritivos ou estritamente teóricos; mas também que se recortem nessas gramáticas, com clareza, o objeto sob análise, isto é, que tipo de manifestação lingüística se tem em mira: se a língua falada, se a língua escrita, em que tipo de registro, se a língua como uma manifestação particular de uma gramática universal.

Queremos com isso dizer que gramáticas pedagógicas, gramáticas normativas, gramáticas descritivas, gramáticas do tipo racional, para usarmos o termo antigo, ou gerativistas, para sermos modernos, são produtos científicos de natureza diversa, que recortam e abordam o fenômeno lingüístico de maneira distinta.

Há lugar para todas no âmbito dos estudos da língua portuguesa e, para a satisfação dos que se interessam pelo português, já há grupos de pesquisadores trabalhando nessas diversas e complementares direções.

REFERÊNCIAS BIBLIOGRÁFICAS

BARBOSA, J. S. (1866). *Gramática philosophica da língua portuguesa*. Lisboa, Typographia da Academia Real das Sciencias.

BARROS, j. (1971). *Gramática da língua portuguesa*. (Cartinha, Gramática, Diálogo em louvor da nossa linguagem e Diálogo da Viciosa Vergonha). Leitura, introdução e anotações de M. L. C. Buescu. Lisboa, Faculdade de Letras.

BENVENISTE, E. (1976). "Categorias do pensamento e categorias da língua". In: *Problemas de Lingüística Geral*. São Paulo, C. E. N., EDUSP, Pp. 68-80.

CASTELEIRO, S. M. (1981). "Jerônimo Soares Barbosa: um gramático racionalista do século XVIII". *Boletim de Filologia*. (Lisboa), 26(1-4). Pp. 101-110.

CHERVAL, A. (1979). "Rhétorique et grammaire". *Langue Française*. (Paris), *41*. Pp. 5-19.

CHEVALIER, J. – Cl. (1979). "Analyse grammaticale et analyse logique de la naissance d'une dispositif scolaire". *Langue Française*. (Paris). *41*. Pp. 20-34.

67

CHISS. J.-L. (1979). "La grammaire. Entre theórie et pedagogia". *Langue Française* (Paris), *41*. Pp. 49-59.

CHOMSKY, N. (1966). *Cartesian linguistics: a chapter in the history of rationalist thought*. New York. Harper and Row.

CUNHA, C. (1970). *Gramática do português contemporâneo*. Belo Horizonte. Bernardo Álvares Ed.

————— (1972). *Gramática da língua portuguesa*. Rio, MEC-FENAME.

————— e CINTRA. L. F. L. (1985). *Nova gramática do português contemporâneo*. Rio, Nova Fronteira.

FOURNIER, F. e LEEMAN, D. (1979). "Questions sur la grammaire traditionalle. Le profil grecque". *Langue française* (Paris) *41*. Pp. 77-104.

GÂNDAVO, P. de M. (1981). *Regras que ensinam a maneira de escrever e a ortografia da língua portuguesa*. Edição fac-similada. Lisboa, Biblioteca Nacional.

KRISTEVA, J. (1974). *História da linguagem*. Lisboa, Coleção Signos.

LEÃO, D. N. de (1983). *Ortografia e origem da língua portuguesa*. (Introdução, notas e leitura de M. L. C. Buescu). Lisboa IN-CM, 1983.

LYONS, J. (1979). *Introdução à lingüística teórica*. São Paulo, C. E. N.

MARCELLO-NIZIA, CL. (1979). "La notion de phrase dans le grammaire". *Langue Française*. (Paris), *41*. Pp. 35-48.

NEVES, M. H. M. (1987). *A vertente grega da gramática tradicional*. São Paulo, HUCITEC.

OLIVEIRA, F. de (1975). *A gramática da linguagem portuguesa*. (Introdução, leitura actualizada e notas por M. L. C. Buescu). Lisboa, IN-CM.

PERINI, M. A. (1985). *Para uma nova gramática do português*. São Paulo, Ática (Coleção Princípios).

Cadastre-se no site da Contexto
e fique por dentro dos nossos lançamentos e eventos.
www.editoracontexto.com.br

Formação de Professores | Educação
História | Ciências Humanas
Língua Portuguesa | Linguística
Geografia
Comunicação
Turismo
Economia
Geral

Faça parte de nossa rede.
www.editoracontexto.com.br/redes

Promovendo a Circulação do Saber